AF346540

LE PEINTRE

DE

SALTZBOURG.

Le Peintre de Salzbourg

« Elle dessinait, assise sur une Tombe ».

LE PEINTRE

DE SALTZBOURG,

JOURNAL

DES ÉMOTIONS D'UN CŒUR SOUFFRANT;

PAR CH. NODIER,

auteur des PROSCRITS.

Les jours de cette vie sont courts, en petit nombre, et fâcheux; ils sont remplis de douleurs et de peines.
Imitat. de J. C. chap. 37. liv. 3.

A PARIS,

Chez MARADAN, Libraire, rue Pavée-André-des-Arcs, n° 16.

AN XI — 1803.

PRÉFACE.

Tous les malheureux ont éprouvé qu'il y a en nous quelque besoin vague d'aimer, qui cherche encore des alimens quand nous sommes détrompés de tous les faux biens de la vie, et qui s'exerce avec volupté sur notre propre misère.

Cette affection pleine de charme et de tristesse, de délices et d'amertume, c'est la mélancolie, amie de la solitude et de la nuit; et c'est pour elle que la providence, attentive aux besoins de l'humanité jusques dans la distribution de ses angoisses, a placé dans le système de la création, une infinité de beautés tristes et de joies rêveuses, dont les ames souffrantes et désabusées peuvent seules apprécier la douceur. Aussi les passions mélancoliques ne se sont nulle part plus multipliées que sous le ciel terne, et parmi les grandeurs sauvages du Nord et de l'Occident.

J'avais étudié quelques-

unes de ces harmonies , et
j'en avais rassemblé ce qui
agissait le plus vivement sur
mon cœur. Je m'étais même
proposé de soumettre au pu-
blic le résultat de ces obser-
vations ; car on se laisse facilement tromper par le sentiment de ses forces , quand
on les consulte dans un âge
naturellement présomptueux.
Depuis , j'ai senti la néces-
sité d'attendre que quelques
lustres eussent mûri mes jeunes conceptions ; et si , aujourd'hui , à peine arrivé à
ma vingt - deuxième année ,

j'ai osé réunir un petit nombre de mes premiers maté-
riaux , dans un cadre plus
vulgaire ; c'est que le genre
du roman est livré à la foule
des écrivains , et qu'on peut,
sans orgueil , entrer dans une
lice qui est ouverte à tout le
monde. Si je n'avais pensé
qu'à mes modèles , je n'aurais jamais écrit.

J'ai donc supposé un jeune
homme véhément et passionné, plein d'ardeur, d'enthou-
siasme et d'amour ; qui avait
calculé les probabilités de l'a-
venir sur des estimations ro-

manesques , et que sa con-
fiance a déçu. Je l'ai montré,
doué d'une sensibilité si vive
et si universelle , que s'il est
des hommes plus maltraités
que lui de la fortune , — et
qui sait de combien de ma-
nières l'adversité peut se mo-
difier ! — il n'en est , cependant , pas de plus à plaindre.
Je lui ai fait subir des épreu-
ves très-douloureuses ; je l'ai
isolé au milieu d'une nature
sévère ; et c'est du produit
de ses sensations journalières,
que j'ai tiré la matière de ce
livre.

Ce livre sera, par conséquent, fortuit, inégal, incohérent, comme les émotions d'une ame active et brûlante, qui saisit avec avidité toutes les espérances, qui ressent profondément toutes les douleurs, qui s'abandonne, sans frein, à toutes les illusions, et qui est, sans cesse, occupée à créer des mondes autour d'elle, et à les détruire.

L'exposition d'un tel caractère ne pouvait pas se concilier avec un plan fort régulier ; et le développer autrement que j'ai fait, je pense que c'aurait été manquer mon but. Qu'il me soit permis de m'appuyer, à ce sujet, d'un suffrage dont j'ai lieu de m'enorgueillir. Ce que Madame de Genlis a bien voulu dire de mon premier ouvrage, s'applique d'autant mieux à celui - ci, qu'il est d'une forme plus vive encore, et plus simultanée.

« On reprocherait à l'au-
» teur d'avoir pris *une ma-*
» *nière* (car les bons écri-
» vains n'en ont jamais af-
» fecté une particulière), s'il

» ne supposait pas que c'est
» un homme malheureux et
» passionné, qui parle et qui
» conte son histoire. Alors,
» ce style coupé, ce vague,
» ces images multipliées ser-
» vent à représenter l'agita-
» tion de l'ame, et le dé-
» sordre d'esprit du person-
» nage qui s'exprime. Ce
» n'est plus, pour l'auteur,
» manquer de naturel ; c'est
» peindre ». *Biblioth. des romans. Tom.* 12. 4e. *ann.* p. 249.

Je le répète. J'ai voulu dé-
crire des sensations, et non

pas entasser des événemens.
J'étais plus jaloux de racon-
ter, aux ames sensibles, quél-
ques - uns des secrets de la
douleur , que d'échafauder
des incidens extraordinaires ,
pour la curiosité ; et je n'ai
guères destiné cet essai qu'à
un petit nombre de personnes aimantes qui se plaisent
à retrouver quelque part
leurs émotions et leurs souvenirs.

Mon style aura d'autres
reproches à essuyer. Je ne
sais si la nature de mes relations, le choix de mes lectu-

res, et ma propre manière de
sentir, m'auraient laissé la
liberté de lui donner une
autre couleur; mais, quelque
défectueux qu'il soit, sans
doute, j'ose dire qu'il est tel
que je l'ai voulu, tel qu'il
m'a paru convenable pour
rendre ma pensée sous ses
vrais aspects, et avec ses
véritables nuances.

Dieu me préserve, pour-
tant, de chercher à consacrer
des tours que le goût réprou-
ve, ou des mots que la langue
n'a point admis ! Dieu me préserve même d'avoir beaucoup

d'approbateurs! L'homme que j'ai tenté de peindre est ici avec tous ses égaremens. Je livre volontiers ceux de son esprit à la critique ; et je me contente de recommander les autres à la pitié des bons cœurs.

Je prévois, d'ailleurs, tout ce que cet ouvrage peut me rapporter de mortifications et de dégoûts ; et graces au ciel, on n'a rien à m'apprendre de nouveau sur mon néant. Je conviens qu'il n'est rien de plus malheureux que de publier un livre pareil, si ce n'est d'avoir été obligé de l'écrire pour soulager un cœur malade.

LE PEINTRE

DE

SALTZBOURG.

Le 25 août.

O u i, tous les événemens de la vie sont coordonnés aux forces de l'homme , puisque mon cœur ne s'est pas brisé.

Je me demande encore si ce n'est point quelque mauvais songe qui m'ait apporté ce blasphême : — Eulalie mariée ! — et je regarde autour de moi pour m'assurer si je

veille ; et je suis désespéré quand
je retrouve la nature dans le même
ordre qu'auparavant. Il vaudrait
mieux que ma raison se fût égarée.
Quelquefois aussi je voudrais me
reposer dans mon courage ; mais
voici tout-à-coup ce mot formidable
qui vient retentir à mon oreille, et
qui me ressaisit des angoisses de
mille morts.

J'ai compté beaucoup d'infortu-
nes, mais cette infortune est plus
amère. Banni de la Bavière comme
un vil séditieux, sur la foi de la
calomnie ; proscrit, fugitif, errant,
pendant deux années, des rives du
Danube aux montagnes de l'Ecosse;
on m'avait tout dérobé, la patrie
et l'honneur ! Elle me restait ce-

pendant ! ce souvenir ineffable et consolateur enchantait ma misère et peuplait mes solitudes ! J'étais heureux par l'avenir et par elle. — Que me reste-t-il aujourd'hui ?

Hier encore, palpitant de desir, d'impatience, d'amour, je venais, — je croyais, — et aujourd'hui !...

———

Le 26 août.

Il y a une idée qui resserre mon cœur, une idée douloureuse et navrante !

Comment se fait-il que nos impressions les plus profondes soient quelque chose de si vague et de si incertain, que la révolution de quelques mois, de quelques jours, qu'un instant presque indivisible les efface ? Quelle est la nature de ce sentiment, si violent dans son ivresse, si rapide dans sa durée, qui aspire à embrasser l'avenir, et que l'avenir dévore ? Serait-il vrai

que les affections de l'homme ne
fussent qu'un sablier renversé, qui
laisse échapper peu à peu tout ce
qu'on lui donne à contenir ? et fau-
dra-t-il que nous mourions par-
tout où nous avons vécu, — là même,
où l'on trouverait tant de douceur
à s'immortaliser, — dans le cœur de
ceux qui nous aiment ?

Oh ! combien la providence fut
sage quand elle assigna une si
courte carrière aux voyageurs de la
vie ! Si elle avait été plus prodigue
de jours, et que le temps eût amené
plus lentement l'heure de notre
destruction ; quel homme aurait pu
se flatter d'entraîner avec lui quelques souvenirs de sa jeunesse ?
Après avoir erré dans un cercle

sans fin de sensations toujours nou-
velles, il arriverait, seul, au mo-
nument ! et en jetant un regard
éteint sur la scène obscure et con-
fuse du passé, il y chercherait inutilement une des émotions de son
premier âge : il aurait tout oublié !
tout ! jusqu'au premier baiser de
sa bien-aimée, jusqu'aux cheveux
blancs de son père !

Mais si le vulgaire use ses jours
dans ces misérables irrésolutions,
il me semblait, du moins, qu'il était
donné à certaines ames d'éterniser
leurs liens. Une fois je crus l'avoir
trouvée, cette ame voisine de mon
ame, et je lui confiai mon bonheur !
Qui pourra redire tout ce qu'elles
ont eu de charmes ces heures d'a-

pothéose, où, penché sur le sein d'Eulalie, respirant son haleine, attentif au moindre battement de son cœur, toutes mes facultés s'abî-maient dans un seul de ses regards ? C'est pourtant celle - ci qui m'a trompé ! et lorsqu'en la pressant des tristes étreintes d'un long adieu, je lui demandais le titre d'époux, elle me le promettait devant le père de tout amour. De quel droit me l'a-t-elle ravi ? pourquoi m'a-t-elle ré-duit à ce néant ?

Ils m'oubliaient donc tous ! car je pense que si quelque voix amie avait fait vibrer mon nom, au mi-lieu de la solennité.... — mais ils m'oubliaient tous, et personne ne lui disait : Tremblez, Eulalie,

Dieu vous voit ! Ils m'oubliaient
tous, et cette trahison fut con-
sommée !

Le 28 août.

Ce soir, je marchais au hasard ; et je ne sais comment cela s'est fait, — j'ai senti un poids qui m'oppressait, un nuage qui troublait ma vue, un feu qui parcourait mon sang ; et je me suis assis. Un instant après, j'ai levé les yeux, et j'ai reconnu dans la maison qui m'était opposée, la demeure d'Eulalie. Sa chambre était éclairée. Eulalie est venue, et s'est arrêtée derrière la fenêtre, dans une contemplation silencieuse. Elle souffrait, car elle a regardé le ciel. Sa poitrine paraissait gonflée, ses cheveux étaient épars ; elle a porté sa main sur son front : je crois que son front brûlait. Ensuite, elle s'est retirée sans m'avoir apperçu, et j'ai vu son ombre s'agrandir sur la muraille, et se confondre avec toutes les ombres. J'ai voulu parler, mais je n'ai point trouvé de voix ; et j'étais muet de saisissement, comme un voyageur de nuit, qui a rencontré quelque apparition.

Après cela, je me suis approché de cette fenêtre, et je me suis baigné dans la lumière qui en descendait. Mais je n'ai pu supporter long-temps ces agitations ; j'ai repris tristement ma route, et quand je suis arrivé chez moi, mes jambes ont défailli ; je me suis laissé tomber contre terre, et j'ai fondu en larmes.

Le 29 août.

TOUT conspire à m'accabler. En m'égarant dans ces campagnes, j'ai vu, au‑devant d'une jolie ferme, une femme proprement vêtue ; et avant que j'eusse distingué ses traits, elle s'est jetée à mes pieds, et les a mouillés de pleurs. Je l'ai relevée, et comme j'hésitais : Vous ne me reconnoissez pas ? a‑t‑elle dit ; c'est moi, c'est moi qui suis cette jeune fille que le désespoir avoit poussée au suicide, et que vous sauvâtes des flots au péril de vos jours ; c'est moi que vous avez comblée de tant de bienfaits, que vous avez arrachée à la misère, que vous avez rendue au bonheur ; c'est à vous que je dois et là vie dont je jouis, et mon cher époux, et mes enfans bien aimés ; et je veux...... Elle vouloit que je visse ces enfans. Cessez, cessez, lui ai-je dit, en pressant sa main contre mon cœur, vous ne savez pas si je suis assez fort pour tout ceci. — Et cette jeune dame ? a-t-elle ajouté mystérieusement ; que le ciel vous soit propice à tous deux ! Si belle, et une ame si grande ! Oh ! de combien de joies ne doit-elle pas maintenant embellir votre existence ! A ces mots, j'ai détourné mon visage, en frissonnant d'indignation et de douleur ; — et cette femme a cru...— Oui, tuée, morte, perdue à jamais !

me suis-je écrié ; et je l'ai abandonnée à l'erreur de ses regrets.

De retour ici, j'ai appris qu'Eulalie était partie aujourd'hui pour la
campagne. Partie ! savait-elle...? —
oh ! je partirai, je veux partir aussi ;
et, mille fois déjà, j'ai tourné le cou-
teau contre mon sein ; et, mille fois,
j'ai demandé à Dieu la mort et le
néant, — le néant ; car de revivre
encore, et se rappeler que l'on a
vécu, j'aimerais autant ne pas m'en
aller. Mais, je ne reviendrais peut-
être pas comme je suis ; — et le
changement ! — et puis, d'ailleurs, il
faudrait un peu de temps pour m'a-
juster d'une autre manière.

Ce sont là de grandes considé-
rations.

Le 2 septembre.

LA journée a été calme, le ciel pur et pacifique ; mais à l'instant où le soleil descend dans sa pompe occidentale, l'horizon s'est tout-à-coup enveloppé de nuages, comme d'une ceinture ; et peu à peu, de grandes ténèbres ont dévoré la lumière incertaine du crépuscule.

Ainsi, ai-je dit, j'ai commencé dans une aurore douce et brillante ; et je vais finir, comme cette journée, dans le trouble d'un soir nébuleux. A cette idée, je me suis représenté, avec beaucoup de force, les sensations neuves et superbes du bel âge ; j'ai recherché dans ma mémoire les jeunes desirs, les espérances naïves d'une ame vierge, et je me suis rebercé dans tout mon printemps d'amour.

Cependant des éclairs fréquens parcouraient l'atmosphère, et ouvraient dans les nuages déchirés, d'éclatantes avenues et de vastes portiques de feu. La foudre glissait sous les voûtes formidables de la nuit, comme une épée flamboyante; et à sa lueur passagère, on voyait quelquefois des ombres sinistres se balancer sur le vallon, semblables à ces esprits de vengeance qui sont envoyés sur les ailes de la tempête, pour effrayer les enfans des hommes. Les vents frémissaient dans les fo-

rêts, ou grondaient dans les abîmes ;
et leurs voix impétueuses se con-
fondaient, dans les profondeurs de la
montagne, avec les sons graves du
tocsin, le tumulte de la cascade et
le fracas des tonnerres ; et dans le
silence même qui succédait, triste
et terrible, à ces harmonies impo-
santes, on distinguait des bruits
étranges et des concerts mystérieux,
comme ceux qui doivent s'élever
dans les solennités du ciel.

Dans ces bouleversemens qui dé-
-solent la création, il y a un baume
pour les plaies du cœur ; parce que
nos afflictions sont absorbées par
des afflictions si augustes, et que
notre compassion est obligée à se
répartir sur un monde. Tout à

l'heure, par exemple, je m'iden-
tifiais avec cette nature souffrante,
et je l'embrassais toute entière de
ma pitié. J'ai essayé de me main-
tenir dans cet état ; mais depuis que
je souffre seul, il a bien fallu que
ma pitié réagît sur moi-même.

Le 3 septembre.

J'AVAIS souvent desiré de revoir
ce monastère abandonné, où j'ai
recueilli jadis de touchantes inspirations, dans le silence des cloîtres.
Il me souvenait de m'être promené,
avec Eulalie, parmi ses ruines confuses et ses bâtimens délabrés; et en
appercevant au sommet de la colline
la longue flèche de l'église, hardi-
ment élancée dans les airs, j'ai tres-
sailli de joie, comme à l'approche
d'un ami. Seulement, j'ai observé,
non sans douleur, qu'on avait ré-
paré les brèches de la muraille, et
que les haies venaient d'être émon-

dées. Le désastre des clôtures démolies, et l'énergie d'une végétation libre et sauvage, m'avaient imprimé des sensations d'une toute autre grandeur. Mais comme elles ont assiégé ma pensée, quand, arrivé à l'antique vestibule, j'ai entendu le bruit de mes pas, retentissant dans les échos des chapelles et du sanctuaire; et comment les portes tremblantes criaient, en tournant difficilement sur leurs gonds! avec quels serremens de cœur et quelle volupté de larmes, j'ai traversé les corridors résonnans et les cours devastées, pour parvenir au pied du grand escalier de la terrasse! Là, s'échappaient, du milieu des marches rompues, les cylindres

veloutés du verbascum, les cloches
bleues des campanules, des bouquets d'arabette, et des touffes d'é-
claire dorée ; la jusquiame y crois-
sait aussi, avec ses couleurs âtres
et ses fleurs meurtries. Je me suis
appuyé contre une colonne qui,
seule, était restée debout, comme
quelque noble orphelin d'une famille malheureuse ; et près de moi,
il y avait encore un sapin qui paraissait à peine au-dessus des vieux
débris, mais dont le feu céleste avait
déjà brûlé la cime.

J'ai dit : Pourquoi mon génie lui-
même n'est-il plus qu'une ruine ?
Pourquoi la nature que je trouvais
toute belle s'est – elle décolorée
avant le temps ? Que n'ai-je encore

ce pouvoir créateur, cette délica-
tesse exquise et cette première
fleur du sentiment, qui brillaient
dans mes conceptions audacieuses?
Maintenant mes crayons sont froids,
mes toiles inanimées, et mon ame
s'est éteinte dans les douleurs. Si
quelquefois une idée forte et magnifique m'apparaît, je cherche en
vain à la fixer. Bientôt, mon sang
fermente, et je ne la retrouve plus
qu'à travers des teintes bizarres et
des formes gigantesques; ou bien,
elle se dégrade et pâlit sous mes
pinceaux : c'est, peut-être, que l'i-
mage d'Eulalie reposé avec trop
d'empire devant ma mémoire, et
que cela me distrait.

Pendant ce temps-là, je me suis

approché de l'ancien cimetière des
moines ; et j'ai vu une femme qui
dessinait , assise sur une tombe.
Elle a jeté les yeux sur moi ; et
quand les miens les ont rencontrés ,
j'ai été ébloui, comme si un météore
avait passé contre ma vue, et je suis
tombé sur mes genoux. Alors, Eulalie, — c'était elle, — Eulalie s'est
avancée , a soulevé ma main trem-
blante , et m'a adressé des paroles
de consolation. Quand je suis revenu à moi, et que j'ai pu me
rendre compte de cet événement ;
quand j'ai réfléchi sur le hasard sinistre qui nous avait préparé ce
rendez-vous sépulcral ; quand j'ai
prévu ce que notre entretien devait
avoir de pénible, et quels nouveaux

froissemens allaient angoisser mon cœur ; — j'ai desiré qu'un abîme s'ouvrît sous nos pieds, et nous ensevelît tous les deux. Vous ici, ai-je dit enfin ! — Ici, a-t-elle répondu ; — c'est dans ces lieux pleins de vous, c'est au milieu de mes souvenirs heureux que j'ai voulu habiter, et cette pensée même fût-elle coupable, aujourd'hui.... — Coupable ! a-t-elle ajouté vivement ; que le ciel ait pitié de nous ! — Mais elle a prononcé ces mots, avec un son de voix, un soupir et un regard qui n'étaient plus faits pour moi. J'en ai frémi par-tout.

Après cela, je me suis assis à ses côtés, en m'abandonnant à tous mes regrets ; je me suis répandu en imprécations contre la destinée et contre elle-même ; je lui ai rappelé le jour de mon bannissement, l'heure plus funeste de notre séparation, et les sermens qu'elle a violés, sermens scellés par tant de baisers et de larmes ! J'ai pleuré encore avec beaucoup d'amertume, et les sanglots qui me suffoquaient m'ont empêché de continuer.

Que la volonté de Dieu soit faite, a repris Eulalie ; mais qu'il ne permette pas que vous me condamniez sans m'avoir entendue ! Savez-vous ce que j'ai souffert ? Marchiez-vous près de moi quand j'épiais, incertaine, les dernières traces de votre passage, et que mon œil troublé de pleurs, ne pouvait plus distinguer l'endroit d'où vous étiez parti ? Avez-

vous assisté à ces longues veilles,
que je passais à gémir en m'occupant
de vous ? M'avez-vous vue, enfin,
—et pourquoi ne suis-je pas morte
ce jour-là ? je croyais, j'espérais
mourir ; car je ne pensais pas que
le faible cœur d'une femme pût contenir tant de douleurs. — Dites,
m'avez-vous vue, prête à expirer de
désespoir à la nouvelle de votre mort?

A ce mot qui me frappait pour
la première fois, j'ai soupiré ; —
tant la seule pensée que j'aurais pu
mourir de la sorte, emportant son
amour et regretté par elle, m'offrait de charmes et m'inspirait de
desirs ! Elle a poursuivi ainsi :

Monsieur Spronck arriva de Fran-
conie à Saltzbourg ; il nous fut pré-

senté. Je le vis. Il plut à ma mère!
Moi-même, — je ne sais, — mais je
lui trouvais, — comme elle, — quelque chose de votre air et de votre
génie ; et surtout, cette empreinte
solennelle de mélancolie ; ce caractère touchant d'une ame sensible
qui nourrit des peines cachées ; ce
je ne sais quoi plus qu'humain qui
nous subjugue, avant que nous ayons
entrepris de le définir. Il avait, d'ailleurs, essuyé de grands revers. L'in-
térêt qu'il m'inspira, il l'aurait obtenu de vous. N'est-il pas vrai qu'il
y a une tendre pitié qu'on ne peut
refuser au malheur ?

Vous le savez, Charles, pendant
votre absence, j'ai perdu ma mère.
Quand elle vit s'avancer le moment

fatal, elle nous appela autour d'elle,
— lui aussi ; — d'abord, elle me
regarda, et un nuage d'inquiétude
sembla ternir l'éclat immortel qui
commençait à briller sur son visage.
Ensuite, elle nous regarda tous deux
ensemble ; elle engagea la main de
Spronck dans la mienne, et une
expression ineffable vola sur ses
lèvres mourantes ; puis elle passa
si doucement de cette vie dans l'é-
ternité, qu'on aurait cru qu'elle
sommeillait, si la stupeur qui nous
glaça, n'avait pas témoigné qu'elle
n'était plus. Voilà comment, deplo-
rable héritage de l'infortune et de
la mort, je suis devenue l'épouse
d'un autre ; c'est ainsi que j'ai trahi
votre mémoire, pour obéir à la voix

de la nature et du tombeau ; et ce que toutes les puissances du monde ne m'auraient pas contraint à faire, c'est ainsi que le dernier regard de ma mère l'a obtenu.

Ceci achevé, Eulalie s'est tournée vers moi avec une douce compassion. Charles, a-t-elle dit, nous voilà, comme deux voyageurs du désert, qui avaient rêvé du repos et de la patrie, et qui reprennent parmi les sables, un chemin laborieux. Tout s'est évanoui ; — mais armez-vous, armez-vous, du moins, d'une vertueuse résignation ; et soyez sûr, ô Charles, que mon amitié vous suivra.

En prononçant ces paroles elle s'est échappée, disparaissant à la

faveur des ténèbres qui descendaient sur le monastère. Je me suis
attaché à ses pas ; je voulais la retrouver, et la voir une fois encore ;
mais le bruit que j'entendais, c'était
celui du saule pleureur, qui frémissait dans ses rameaux épars et
dans sa chevelure mélancolique.
Tout-à-coup, j'ai répété ces mots :
son amitié me suivra : et avec quelle
douceur je les ai répétés jusqu'ici !
Cette idée rassérénait mes sens,
embaumait l'air, et jetait sur toute
la nature, un charme indéfinissable
qui tenait de l'enchantement. J'ai
été plus heureux, — pourquoi pas ?
j'étais avide d'affections ; et Dieu
sait de quelles chimères je remplis
quelquefois le néant de mon cœur !

Le 4 septembre.

Son amitié! — Jusqu'à quel point ce sentiment me suffit, — voilà la question. Que peut-il y avoir de commun entre une société froide et austère, qui n'a que des joies sérieuses et des plaisirs compassés; et cette union pleine d'ivresse et de voluptés, où deux êtres prédestinés à se chérir, viennent confondre toute leur existence? — entre cet aliment de quelques ames que des conceptions étroites ont appauvries; et ce feu pur et régénérateur qui dévore la vie et qui la reproduit? L'amitié! eh quoi! à l'enfant opiniâtre qui redemande l'objet qu'on veut lui soustraire, on jette quelque hochet pour amuser sa douleur.

A vingt-deux ans, je suis cruellement desabusé de toutes les choses de la terre ; et je suis entré en un grand dédain du monde et de moi-même ; car j'ai vu qu'il n'y avait qu'affliction dans la nature, et que le cœur de l'homme n'était qu'amertume. Il arrive, il jette sur ce qui l'entoure un regard inexpérimenté ; et son immense affection embrasse avidement toutes les créatures. A lui seul, il croit pouvoir animer un autre univers, tandis qu'il marche, hélas ! au milieu d'un monde mort, et qu'il prodigue inutilement ses journées fugitives, et son amour

inconsidéré. Bientôt il observe, il
apprend, il juge; déjà son imagination s'éteint, ses illusions se flétris-
sent, sa sphère se rétrécit, toutes
ses relations se réfugient concentri-
quement sur lui-même, jusqu'à
l'instant où une expérience douloureuse brille à ses yeux, comme une
torche allumée sur des tombeaux,
et achève de l'éclairer sur son néant.
Enfin, il ne trouve plus que des ames
sourdes et réfractaires; l'amitié l'ou-
blie, l'amour le trahit, la société
le rebute; il sent que tous les liens
vont se rompre : — ils se rompent
en effet; et heureux! s'il cède lui-
même à ce grand déchirement! Après
cette époque, je ne vois plus que des
égoïstes, qui sont parvenus à des-

sécher leur cœur, et des enthou-
siastes, qui l'épuisent sur des chimères.

Tournoyer dans un océan d'in-
quiétudes inénarrables ; et quand
on se délasse à peine de tant d'émotions turbulentes ; quand les appré-
ciations exagérées commencent à
peine à se rectifier ; — voici venir la
mort, célère et inattendue, qui
vous étreint de ses bras inflexibles,
et qui vous endort tout entier dans
le silence du cercueil......!

Le 8 septembre.

A quelques pas de Saltzbourg, il y a un petit village, découpé d'une manière agreste et légère au revers de la montagne. Plusieurs ruisseaux descendus des rochers, se réunissent au-dessous de l'enclos du presbytère, et forment ensemble un canal qui se déroule au travers de la plaine, comme un large sillon d'argent, et va se perdre dans la rivière. Le murmure des petits flots, le mugissement des ondes, et le frissonnement des peupliers émus par le vent, s'harmonient avec une douceur inexprimable, et portent à l'ame je ne sais quelle langueur, quel trouble délicieux qu'on aime à entretenir. Mais jamais ce tableau n'a un charme plus indicible, qu'à l'heure où le ciel, orné des couleurs de l'aube, sourit à l'approche du jour ; quand un brouillard humide et blanchâtre nage sur le vallon, et que les premiers feux du soleil commencent à dorer les plombs du clocher.

Ce matin, je me promenais de ce côté, en proie à des rêveries plus heureuses que d'habitude ; quand les sons lugubres, distans et prolongés de l'airain mortuaire, sont venus me distraire de tous les songes du passé. Je me suis tourné vers la ville, et j'ai vu, à l'angle du chemin, un convoi qui s'avançait avec lenteur, en récitant des prières à voix basse. Quatre hommes qui portaient une bierre, couverte d'un grand linceuil, ouvraient ce funeste appareil. Près d'eux marchaient autant de jeunes filles vêtues de blanc, les cheveux épars, les yeux rouges de larmes, le sein haletant de soupirs ; et d'une main, elles soulevaient les extrémités du drap funèbre. Ensuite, venaient pêle-mêle des femmes, des enfans et des vieillards, qui paraissaient tous pénétrés de douleur, mais d'une douleur muette et résignée ; ce qui m'a fait penser que l'être infortuné, qu'on allait déposer dans sa dernière demeure, n'y était point accompagné par ses parens, car les regrets de la nature ont un autre caractère.

J'oubliais de dire que le linceuil était blanc, et qu'on y avait attaché une petite couronne de fleurs, semblable à celles dont on pare le front des vierges.

Lorsque la foule a été écoulée, je me suis adressé à une femme presque octogénaire, qui suivait d'un pas plus tardif, à cause de son grand âge ; et je lui ai demandé le nom de la personne qu'on emportait dans cette bierre. Hélas ! Monsieur, m'a-t-elle réparti en sanglotant, vous n'avez pas manqué d'entendre parler de la bonne Cordélia. Si jeune encore, elle était déjà la mère des pauvres, et l'édification des sages. C'est elle qui est morte hier. Mais comme j'ai témoigné à cette bonne femme que le nom de Cordélia m'était inconnu, et que, depuis quelques années, j'étais étranger à Saltzbourg, elle m'a raconté ce qui suit, pendant que je prenais son bras pour lui adoucir les fatigues du voyage.

Cordélia était née d'une famille opulente ; mais elle était si humble, et si compâtissante pour la misère, qu'on ne s'était jamais apperçu de sa fortune qu'à ses bienfaits. La mère de Cordélia se glorifiait de sa fille ; les pères la donnaient pour modèle à leurs enfans ; ses amies la nommaient avec orgueil ; les malheureux la bénissaient ; et l'envie

elle-même se taisait quand on par-
lait d'elle ; car tout le monde l'aimait, tant elle était douce et bonne,
la pauvre Cordélia ! Il faut bien que
les anges en aient été jaloux, pour
que Dieu l'ait éprouvée à ce point.
Il y a déjà long-temps que sa mère
s'apperçut qu'elle dévorait un chagrin caché, et qu'elle s'efforça de
pénétrer le mystère de son cœur.
Qu'as-tu, ma Cordélia ? lui disait-
elle ; et Cordélia se penchait sur
le sein de sa mère, et gémissait.
Tu aimes ? ajouta sa mère un
jour ; Cordélia ne répondit rien.
C'est que c'était là son secret, et
qu'elle n'osait ni le taire, ni l'a-
vouer.

Cependant elle n'avait point à

rougir du choix qu'elle avait fait, car Guillaume a de très-nobles qualités ; mais elle croyait qu'on ne voudrait point consentir à son mariage avec lui, parce que Guillaume était pauvre. Voilà pourquoi elle dérobait la connaissance de son mal, quoiqu'il s'accrût tous les jours. Enfin, elle fut atteinte d'une maladie effrayante, et dans les accès de délire qui la saisissaient, elle prononçait souvent le nom de Guillaume. Quand la fièvre commençait à se calmer, et que Cordélia reprenait ses sens, sa mère s'asseyait auprès d'elle, et l'interrogeait de nouveau. Une fois elle convint de tout, parce qu'on lui apprit comment elle s'était trahie. Ses parens

se réunirent; et après y avoir mûre-
ment réfléchi , ils résolurent de la
marier à Guillaume , puisqu'elle lui
avait donné son amour.

On profita d'un de ces momens
paisibles , où Cordélia laissait quelque espoir de convalescence , pour
lui en apporter la nouvelle; et comme on pensait que sa parfaite gué-
rison pouvait dépendre de cette
union tant desirée , on prit jour
pour y procéder , dans une chapelle
voisine de la maison. C'était hier ,
à pareille heure que maintenant , et
précisément , comme elle venait
d'atteindre à sa dix-septième année.
Elle se leva , s'habilla , et se rendit
à la chapelle , entre sa mère qui
était toute consolée , et Guillaume

qui ne se sentait pas de joie. Ces amies qui l'entourent encore, marchaient à ses côtés. On disait en la voyant passer : Voyez Cordélia ! elle est plus pâle, mais elle est au moins aussi belle. En effet, son air était plein de noblesse, de grace et de sérénité. Seulement, au pied de l'autel, elle prononça tout bas ces mots, en s'appuyant sur Guillaume : Je me trouve mal. On la ramena ; mais le coup était porté, et il avait brisé tous les ressorts de sa vie. Quelques minutes après midi, son œil sembla se ternir et s'éteindre. Elle le fixa tendrement sur son mari et sur sa mère, soupira et sourit. Ensuite elle détourna la tête, et demeura immobile. Guillaume, effrayé, prit sa main; elle étoit froide. Cordélia venait de mourir!

Nous marchions déjà dans le village que Cordélia, pendant le cours de sa maladie, avoit marqué pour le lieu de sa sépulture; et je m'informais encore, avec une triste curiosité, de tous les détails de cet événement. J'aimais à entendre comment cette ame sensible et généreuse s'était signalée, à force de vertus, pendant son trop rapide séjour sur la terre. Je plaignais Guillaume sur-tout; car, de survivre à ce qu'on aime.... — Que dis-je? Il en mourra, sans doute!

Et cependant nous arrivons devant l'église. La porte s'ouvre, le corps est déposé sur le seuil ; et le prêtre debout, les yeux levés au ciel, le front calme, les bras étendus, l'aspersoir à la main, laisse tomber quelques gouttes d'eau consacrée sur la prison étroite et mystérieuse qui renferme Cordélia. Ensuite on introduit le cercueil ; le convoi l'accompagne, silencieux, sous la nef antique, et se divise en deux rangs, auprès des grilles du chœur ; le peuple se prosterne, et le sacrifice commence.

Quel spectacle elle offrait à mes yeux, et de quelles sensations tumultueuses elle venait assaillir mon cœur, cette pompe touchante que la religion a placée comme un point de repos entre le trépas et l'éter

nité! La sainteté du lieu ; la grandeur des cérémonies ; la mélodie
imposante qui retentit dans cette
enceinte sacrée ; les vapeurs de
l'encens, qui se mêlent à la fumée
des flambeaux funéraires ; un prêtre
auguste, qui apporte au tout-puis-
sant les prières de la multitude ;
une foule pieuse, qui appelle les mi-
séricordes inépuisables du créateur
sur le tombeau de la créature ; Dieu
lui-même, descendu en victime ex-
piatoire pour la rédemption des
hommes, et ramenant les fidèles
au pied du trône de son père ; —
et près de moi, dans cette bierre, —
sous ces tristes livrées de la mort, —
une jeune fille qui avait à peine rêvé
les embrassemens d'un époux, et

qui échange si vîte ses roses contre
des cyprès, les délices de son printemps contre les secrets de l'avenir,
son lit nuptial contre une fosse !
une vierge qui n'était pas encore
dépouillée de sa robe d'himen, et
qu'ils vont jeter à jamais dans la
terre humide et profonde, à la merci
de toutes les intempéries des saisons
et de tous les ravages du temps !
Cette innocente Cordélia , hier ,
hélas ! si ravissante de perfections
et de beautés ; aujourd'hui , un
cadavre !

Tandis que je me livrais à ces ré-
flexions, le cortège s'est porté au
cimetière, où il devait laisser Cordélia ; et les regrets qu'elle inspirait, ont éclaté avec plus d'amer-

tume. C'est alors qu'on aurait pu penser que chacun pleurait en elle une fille ou une sœur chérie ; tant l'idée de s'en séparer pour toujours, et de perdre bientôt de vue le peu qui en restait, avait augmenté le développement de toutes les douleurs !

Dans ce moment même , un étranger s'est approché , et quel homme ce devait être que celui-ci ! Il paraissait toucher à l'âge mûr ; mais le burin du malheur avait déjà gravé sur son front les empreintes d'une vieillesse anticipée. Son regard doux et fier, tendre et cependant un peu farouche , commandait le respect, l'admiration et l'amour ; et je ne sais quoi de céleste et d'éblouissant flottait sur son visage , avec une majesté incomparable. Il est venu à moi, il m'a interrogé d'une voix émue, et je lui ai répété en peu de mots ce qu'on m'avait raconté de Cordélia et de sa mort ; mais quand j'en suis arrivé à la fin de ce récit, il a cessé de m'interroger et, peut-être, de me voir; ses joues se sont enflammées, ses membres se sont roidis, tout son corps a tremblé d'une convulsion subite; il s'est précipité vers la fosse, il y a attaché un regard avide; et quand on y a poussé le cercueil, et que les ais ont crié en glissant le long des cordes, ses bras, qui cherchaient un appui, se sont enlacés autour de moi. — Oh ! vous ne savez pas, s'écriait-il, vous ne saurez jamais

ce que cette matinée me rappelle de
tourmens ! Vous ne savez pas qu'autrefois j'ai vu mourir et tomber ainsi
sur la terre, celle qui était, à elle
seule, toute ma joie et tout mon
amour, — ma sœur d'adoption, —
l'amie de ma jeunesse, — l'épouse
qu'on allait me donner.— Et il a perdu connaissance. Dès que nos soins
empressés ont eu ravivé son cœur,
je l'ai entraîné loin de cette scène
d'affliction ; et, marchant à grande
hâte du côté de la ville, nous ne
nous sommes arrêtés qu'au détour
de ce chemin d'où j'avais vu des-
cendre le convoi, et lorsque le village s'est caché derrière le pied des
côteaux boisés, comme sous un ri-
deau de verdure.

Là, nous nous sommes séparés; mais avant de me quitter — en me pressant contre son sein avec une ferveur d'amitié dont j'étais tout enorgueilli, en me prodiguant des témoignages si affectueux de reconnaissance pour une action si simple, il s'est nommé; et cet inconnu, vers qui mon cœur avait volé d'abord, — c'est l'époux d'Eulalie !

Quand je me souviens, après cela, qu'Eulalie avait cru découvrir quelques rapports entre nous; et quand je me le représente avec sa physionomie de demi-dieu : il me semble que c'est une faculté qui a été accordée aux ames tendres, en-dédommagement de la vicissitude de

nos affections, que de pouvoir retrouver par-tout des images de ce
qu'elles ont aimé.

Le 9 septembre.

C'EST encore ici une marque de la faiblesse de notre esprit, et de l'inutilité des efforts que nous employons à combattre nos penchans. Il m'est bien démontré que notre vie a été prévue et ordonnée avec toutes ses harmonies ; que toutes les habitudes, toutes les relations que nous contractons dans le commerce du monde, sont des conséquences nécessaires de notre organisation ; et qu'il ne nous appartient, ni d'expliquer, ni de vaincre les sympathies dont nous nous trouvons quelquefois liés. Par quel autre ascendant que celui d'une fatalité toute-puissante, ce ravisseur qui m'a dépossédé de mes plus chères espérances, serait-il venu me séduire et me subjuguer quand tout m'était odieux en lui, et que j'aurais voulu pouvoir mettre un monde entre nous deux ? N'est-il plus l'époux d'Eulalie ? et Eulalie, ne l'aimé-je plus ?

Qui empêchait cependant que je passasse ma vie entre eux ? idée si riche en délices, que ma faible imagination s'en étonne ! qui empêchait que je fusse son époux comme lui, et qu'elle nous partageât sa tendresse ? Une ame d'une sensibilité si vive et si affectueuse ne nous

aurait-elle pas facilement confon-
dus dans son amour ? et fallait-
il que le bonheur des autres ne
s'enrichît que de mes pertes et de
mes douleurs ?

Il le faut avouer, c'est une condition bien digne de pitié que la
mienne ! et quelque maltraités du
sort que soient la plupart des hommes, j'ai vu, du moins, qu'ils pou-
vaient se dédommager de la sévérité
de leur fortune dans quelques sentimens consolans. Moi seul, sur
cette terre misérable, je réunis toutes
les misères de l'humanité ; et tout
ce qui les charme ou les soulage,
m'est cruellement interdit. Mes affections les plus douces deviennent
des tourmens insupportables ; et sur

mes lèvres, l'air même que je respire s'empoisonne, depuis que Dieu
m'a déshérité de sa providence !

Le 10 septembre.

CEPENDANT, il en a aimé, il en aime, il en regrette une autre. Il ne sait point l'aimer comme je l'aimais. Il n'a point concentré en elle seule tous ses souvenirs, toutes ses pensées, toute sa vie ; et sur le sein d'Eulalie, il rêve un autre amour et une autre félicité. Désabuse-toi de ton bonheur, ame tendre et confiante ! Celui-ci ne t'était point destiné. Ces transports, ces soupirs, ces larmes ne sont point pour toi. Ce n'est point toi qu'il desire, qu'il cherche à son réveil ; mais celle que les prestiges de la nuit lui avaient montrée, et qui enchantait son sommeil adultère. Infortunée! ce n'est point toi qu'il aime! et de quel droit exigerait-il de toi l'affection qu'il ne peut plus te donner? n'est-il pas nul l'engagement qui a violé tous les engagemens du cœur, et qui a trahi la nature?

Je pourrais donc — jamais. Cette idée a beau fermenter dans mon sein, — jamais! Chimère! illusions de ténèbres! Qui suis-je, hélas? un captif dont l'imagination s'est reposée un moment dans des songes voluptueux; qui croyait marcher sur des routes de verdure, et sous des bocages de roses; qui ne s'occupait que d'espérances faciles et de pensées riantes, et qui retrouve tout-à-

coup autour de lui ses chaînes et
son cachot.

Quand je me vois ainsi séparé de
tout bonheur par un océan sans rivage; quand je me sens froissé, anéanti
par le désespoir ; quand j'observe
comment toutes mes facultés s'éner-
vent, se dégradent et s'avilissent dans
cet état de convulsion et de douleur;
quand j'essaie de calculer jusqu'à quel
point de légères modifications de circonstances ou de tempérament, peuvent influer sur nos résolutions les
plus graves; et que je réfléchis sur tant
de misérables que le Ciel a jetés,
avec une sensibilité brûlante, au milieu des passions contagieuses des
hommes — je m'étonne moins de
compter un si grand nombre de ré-

putations écrites avec du sang ; et
je m'indigne des jugemens audacieux de la foule. Interrogez cés
fiers, ces aveugles dispensateurs de
gloire et de châtimens. Ils ont tout
apprécié, tout mesuré , tout prévu.
Il n'est pas un crime , pas une pensée qui échappe à leurs lois, à leurs
inquisitions, à leurs bourreaux ; —
et cependant, ils ne savent pas, ils
ne sauront jamais combien est faible, étroite, imperceptible, la dis-
tance qui sépare un révolté de son
empereur, et le supplice d'un proscrit, de l'apothéose d'un demi-dieu.

Le 11 septembre.

Pour la seconde fois, je l'ai vu —
j'entrais dans une maison étrangère;
on m'annonce, et M. Spronck vole
à moi avec les marques de la plus vive
affection. Charles Munster, a-t-il
dit! hélas! c'est donc vous! et il n'a
point achevé; mais, son silence même
parle à mon cœur. Il semblait me
plaindre et se justifier; il voulait se
défendre de ma haine! et moi, pendant ce temps-là, frémissant, interdit, et les yeux trempés de pleurs,
j'ai été vingt fois tenté de me jeter à
ses genoux — ou, dans ses bras,

Le 12 septembre.

Il y a des plaisirs que nous avons goûtés avec tant de délices, que nous croirions volontiers que le souvenir qui nous en reste, doit suffire à nourrir notre cœur d'idées riantes et heureuses, pendant tout le cours de la vie; et quand nous nous retrouvons, long-temps après, dans les mêmes circonstances, il arrive, cependant, que ces émotions si agréables et si regrettées ont perdu presque tout ce qu'elles avaient d'ivresse. Nous nous plaignons, alors, de l'instabilité des choses de la terre; et, parce que nous ne savons plus jouir

dés beautés qui nous transportaient,
nous accusons follement la nature
d'avoir changé.

Est-il rien de plus doux, disais-
je, que de pouvoir, après de grandes traverses, et des années d'exil
et de douleur, se reporter par la
pensée aux jours si purs de l'heureuse enfance ? que de revoir les
lieux qui ont été le théâtre de nos
premiers jeux, de nos premiers
travaux, et de nos premiers succès?
les perspectives qui ont exercé nos
premiers crayons ; le toit natal ;
et les domaines héréditaires ? que
de reconnaître le champ que notre
père a défriché ; l'arbre dont il
aimait l'ombrage ; sa charrue ; son
foyer rustique ; et le lit de paix

d'où il nous a béni ? On se rappelle avec tant d'envie ce temps, riche d'ignorance et de simplicité, où une médiocrité laborieuse bornait nos desirs, et un horizon étroit, notre univers ! nous avons tant de fois souhaité de rassembler, autour de nous, tous ceux avec lesquels nous avons fait l'apprentissage de la vie ; et nous espérions tant de ravissemens dans leur entretien ! J'ai quitté Saltzbourg, pour venir réchauffer mon cœur à ce foyer d'innocentes voluptés ; et au lieu des consolations que j'y cherchais, tout ce que j'ai vu n'a servi qu'à redoubler mes chagrins. Plaisirs péniblement achetés que ceux qui ont de tels retours ! le bonheur passé peut donc être un tourment de plus.

Je me figure un de ces anges réprouvés qui consument leur éternité dans d'inutiles repentirs. Quelquefois, il s'élève, pensif, jusqu'aux confins de sa première patrie ; il contemple, avec une tristesse profonde, le ciel dont il a été banni, et les biens dont sa rébellion l'a frustré ; son infortune s'en augmente ; et, rugissant de désespoir, il se replonge dans les abîmes.

Le 14 septembre.

Combien de gens qui se plai-
gnent de la monotonie de la nature ;
qui n'y voyent que des tableaux
stériles et fastidieux ; qui pensent
d'un coup-d'œil tout appercevoir et
tout embrasser, et qui ne devraient
s'en prendre de l'imperfection de
leurs jouissances qu'à la pauvreté de
leur imagination et de leurs organes ? pendant que l'artiste gémit de
l'impuissance de ses ressources, et
maudit ses toiles et ses palettes ;
quand il remarque tant de nuances
inimitables, tant d'aspects mobiles,
tant d'expressions variées dans le

grand tableau de la superbe création :
— et quel sujet d'incertitudes pour lui,
que de voir un seul paysage modifié
par toutes les influences des saisons,
par tous les accidens de la lumière,
et souvent, par ses impressions per-
sonnelles ?

Je me suis arrêté ce matin sous
un vieil orme, autour duquel, à
certains jours de fêtes, les jeunes
gens, rassemblés par les simples
concerts d'un ménétrier rustique,
faisaient briller à l'envi leur force et
leur légèreté; tandis que les anciens
du village, tous émus de délicieux
souvenirs, se rappelaient entr'eux
quelque notable événement de leur
jeunesse, arrivé à pareil anniver-
saire. On a, sans doute, conservé

cette tradition heureuse ; car j'ai vu sur l'herbe, foulée en rond, des fleurs éparses et des paquerettes effeuillées. Heureux ceux-ci, du moins, qui sont encore fidèles à leurs premiers plaisirs et à leurs premières mœurs !

De cet endroit, la vue s'étend sur une immense vallée qui se creuse et se déploye avec grace entre les revers des forêts, et dont l'aspect riant et calme enchante le cœur. Quelques ruisseaux bordés de saules, s'égarent dans la plaine, sans s'éloigner ; se divisent en compartimens élégans ; se cherchent et se fuyent tour à tour ; et les voici bientôt qui reviennent, tous ensemble, embras-ser les bocages de leurs contours indécis. A droite, parmi des cabanes de bergers, on distingue les tourelles d'un château gothique dont les ailes ruineuses s'étendent pesamment sur une large plate-forme; et plus bas, la rivière qui sort tout-à-coup de derrière la colline, comme si elle y avait pris sa source, et qui va se perdre ensuite, à de grandes distances, dans les fonds bleuâtres de l'horizon. Le pont qui la traverse au loin, ressemble à un petit croissant noir appliqué sur un champ d'azur.

L'orient commence-t-il à se colorer des premières teintes de l'aurore; tout est douteux, vague et indéfini. Le paysage à peine ébauché, n'offre que des couleurs incertaines, des traits confus et des formes capricieuses. A mesure que le jour s'élève, les montagnes naissent, les perspectives se reculent, les plans se détachent et se caractérisent ; des nuées d'oiseaux de toute couleur parcourent l'air avec toutes sortes de vols et de ramages. Bientôt l'heure des travaux peuple les routes et les champs. L'agriculteur descend du hameau, le muletier suit ses charges, et le pâtre ses brebis. Chaque heure qui s'approche amène d'autres scènes. Quelquefois un seul coup de vent suffit pour tout changer. Toutes les forêts s'inclinent, tous les saules blanchissent, tous les ruisseaux se rident, et tous les échos soupirent.

Le soleil descend-il, au contraire, vers l'occident ; le vallon s'obscurcit, les ombres s'étendent. Quelques points plus élevés se font encore remarquer avec leurs reflets d'or, parmi les nuages de pourpre ; mais ces lueurs mourantes ne brillent, nulle part, avec plus d'éclat que sur la surface de la rivière, qui se précipite étincelante, et enveloppe tout le couchant d'une vaste écharpe de feu.

La lune enfin s'ouvre-t-elle un passage dans les espaces du ciel, soit que sa lumière, tendre et timide comme les regards d'une vierge, repose endormie sur les plaines ; soit qu'elle tremble sous les ombrages transparens ; soit qu'elle se déroule en gerbe , ou se berce en réseau d'argent sur les vagues agitées ; c'est alors qu'on croit trouver à tous les objets des charmes inexplicables et des douceurs infinies. C'est alors que tous les bois ont des bruits religieux, des pompes et des secrets. Tous les aspects du ciel et de la terre ont je ne sais quoi de sublime et d'idéal. L'air est chargé d'émanations très-pures et de parfums très-agréables. Le son du cor, le tintement de la cloche lointaine, l'aboiement du dogue tutélaire qui veille au-devant de l'habitation de l'homme, un rien vous trouble et vous pénètre ; il semble que cette nuit imposante jette quelque chose d'imposant sur toutes vos sensations.

Que dis-je ? les inspirations su-
perstitieuses et les rêveries crédules
sont filles de la solitude et des ténèbres. Qui m'empêche de donner
à ce château des habitans et des
mystères ? de gémir sur le sort
d'une épouse opprimée, qui se
meurt dans ces souterrains, — et
d'évoquer sur ces tours les vieilles
ombres de leurs anciens posses-
seurs ?

Ces chaumières ne peuvent-elles
pas me cacher un couple de vrais
amans qui ont préféré le simple toît
de leurs pères, un petit champ cul-
tivé par leurs mains, et des plaisirs
sans regrets à toutes les séductions
de la ville ?

Rêvons, rêvons cette félicité dans

ce qui nous environne, puisqu'elle
ne doit jamais devenir notre par-
tage.

Le 17 septembre.

Ce village n'est séparé de celui où j'ai vu Eulalie pour la première fois, que par une hauteur plantée de différens arbres, entre lesquels on a tracé mille petits sentiers. Soit prédilection, soit hasard, mes rêveries solitaires me ramenaient toujours à une jolie esplanade, tapissée d'une molle verdure , et que de larges platanes recouvrent de leurs voûtes fraîches et ombreuses. Sur la pente de la colline , un clocher noirci par un incendie encore récent, élevait sa tour enfumée du milieu de quelques masures grossièrement grouppées en amphithéâtre; et sur les bords de la plaine, on comptoit quelques métaieries avec leurs champs, et quelques maisons de plaisance avec leurs jardins.

Dans un enclos d'une coupe agréable et d'une exposition heureuse, j'avais souvent remarqué Eulalie s'égarant pensive sous les riches ombrages des vergers, et laissant flotter au gré des vents les plis de sa robe blanche et les anneaux de sa chevelure; ou venant, au déclin du jour, arroser d'une eau pure les fleurs de ses parterres, quand elles se penchaient toutes fanées des ardeurs du soleil, comme de touchans symboles d'une ame tendre qui se consume dans ses langueurs; — et chaque fois un desir inquiet, un sentiment mêlé de trouble et de volupté se glissait dans mes veines, et faisait bouillonner mon sang. Mon ame brûlait de s'allier, à travers l'espace, à l'ame de cette inconnue; si elle s'éloignait, je la suivais de mes regards jusqu'à ce qu'elle m'échappât: je l'attendais jusqu'à ce qu'elle revînt; et dès qu'elle paraissait, je cherchais à m'emparer de son image, à me l'approprier toute entière, à l'identifier avec moi pour ne la reperdre jamais. Fixe, debout, sans respiration, sans mouvement, sa présence était un mystère que je craignais de troubler. Quelquefois aussi de noirs pressentimens s'étendaient sur mon avenir comme un

voile de douleurs ; et alors j'éprouvais un déchirement dans le cœur,
un malaise par-tout. Des nuages de
sang flottaient devant mes yeux, et
baignaient tout le ciel ; des larmes
tièdes et pesantes comme les premières gouttes d'une pluie d'orage,
roulaient de mes paupières, et la
terre fuyait sous moi. Voulais-je
partir ? j'avais tout oublié, mon
papier , mes crayons , et mon
Ossian.

Puis, je m'engageais au hasard
dans le bois, et je me frayais des
chemins nouveaux, en écartant des
mains les branches humides et les
arbrisseaux épineux. Je me plaisais
à parcourir des lieux où l'homme
n'a pas coutume de pénétrer; tant

j'étais jaloux du sentiment qui rem-
plissait mon ame, et tant il m'eût
été pénible d'en être distrait! Je par-
lais d'elle sous mille noms imagi-
naires; je les gravais sur l'écorce
tendre, ou sur la terre amollie, et
souvent j'y joignais le mien. Si quelque temps après je venais à passer
dans le même endroit, et à reconnaître ces chiffres, je palpitais de
joie, comme si j'avais pu croire
qu'elle les eût entrelacés elle-même.
Souvent je courbais de jeunes arbres
pour en faire des dômes de verdure;
ou bien je les arrondissais en portiques, j'en tressais les rameaux, et
j'y suspendais encore de fraîches
guirlandes de liane, avec leurs
feuilles en fer de pique, et leurs

cimbales d'ivoire, toutes brillantes de rosée.

Peut-être un jour, disais-je alors, je la conduirai sous mes berceaux, je la ferai passer sous mes vestibules de fleurs, et je la couronnerai de mes lianes. C'étaient les douces chimères et les illusions présomptueuses de l'amour sans expérience.

Aujourd'hui, j'ai voulu revoir tout cela ; mais la magie des beaux jours n'y est plus. La maison est abandonnée à de nouveaux propriétaires ; et ceux-ci, sans respect, ont ravagé ses parterres et arraché ses chèvre-feuilles. Ils n'ont rien épargné de ce qu'elle aimait : ce qu'elle aimait ! ces étrangers le savaient-ils ?

Cependant j'ai cédé au prestige

de mes souvenirs avec tant de con-
fiance et d'abandon , qu'avant de
quitter l'esplanade je me suis ma-
chinalement détourné pour savoir
si Eulalie ne venait pas. — Après
-quoi , en réfléchissant sur cette erreur , je me suis pris à pleurer ; mais
combien plus amèrement, quand j'ai
apperçu mes berceaux désolés et dé-
truits par le vent , mes petits arbres
abattus par la coignée , et la terre
jonchée de leurs branches ! A cette
dernière perte, si légère qu'elle pa-
raisse , je me suis rappelé tout ce
que j'avais perdu ; je me suis con-
templé avec effroi dans ma solitude
et dans ma misère; sans amis , sans
famille et sans patrie ; sans appui et
sans espérance ; trahi par le passé ,

accablé du présent, et serré de l'avenir; abandonné d'Eulalie et du ciel!

Là même, j'avais autrefois résolu de consacrer à mon cher Werther une fosse couverte d'herbe ondoyante, comme il l'a souvent désirée; et aujourd'hui j'ai senti une secrète envie d'y creuser bientôt la mienne. C'est une destinée si cruelle, que de mourir loin de ce qui nous fut cher, — et de laisser le soin de sa sépulture à la pitié d'un passant!

Le 24 septembre.

Oui, au feu qui parcourt mes veines, je sens qu'il n'y avait de bien pour moi sur la terre, que dans cette autre moitié de moi-même, dont le sort injuste m'a séparé ! Et qui me rendrait ces jours de délices et de gloire ? Quel dieu me fera revivre ce passé jaloux qui a dévoré mon avenir ? ce temps, hélas ! où mon cœur était inondé d'affections si heureuses ! où toutes mes facultés jouissaient d'une activité si puissante ; où, à sa seule approche, au seul bruit de sa voix, au plus petit frémissement de sa robe, je sentais

la vie prête à me manquer par-tout,
et mon ame se renverser dans tous
mes nerfs ; où je me plaignais de
n'avoir pas assez de forces pour suffire à mon bonheur, ou pas assez
d'amour pour y succomber ? Qu'il
m'eût été doux de finir ainsi, et
d'exhaler mon dernier soupir dans
cette béatitude ! Pourquoi n'osai-je
pas la ceindre de mes bras, la ravir
comme une proie, l'entraîner hors
de la vue de hommes, et la procla-
mer mon épouse devant le ciel ?
Ou si ce desir même est un crime,
pourquoi s'est-il si étroitement uni
au propre sentiment de mon existence, que je ne puis plus l'exiler
sans mourir ? Un crime ! ai-je dit ?
Dans des jours de barbarie, dont le

souvenir est lié à toutes les idées d'ignorance et de servitude, le vulgaire s'est avisé d'écrire ses préjugés, et il a dit : Voici des lois ! Étrange aveuglement de l'humanité, spectacle digne de mépris, que celui de tant de générations gouvernées par les caprices d'une génération éteinte ! et de tant de siècles, dont un siècle obscur a décidé !

Après avoir long-temps gémi sous le poids de ces odieuses contraintes, qui ne voudrait abréger le pénible essai de la vie, si cette joie restait du moins en notre puissance ? Mais le ciel et les hommes s'accordent à nous la défendre, et nous ne nous affranchissons de nos jours que pour recommencer la douleur. Elle veille

à la porte des tombeaux, comme
ces monstres qui se nourrissent de
cadavres ; elle nous désenchante du
sommeil de la mort, et s'empare de
notre éternité ainsi que d'un héritage.
Quel que soit cependant le terrible
avenir, l'avenir de sang et de larmes que vous gardez à vos réprouvés ; souffrez, souffrez, ô Dieu !
qu'Eulalie me soit un moment rendue ! qu'un seul moment ce cœur
palpite contre son cœur ! que ma
faible existence puisse s'évanouir
dans l'ivresse de ses regards et de
ses baisers ! que je meure dans son
amour ! — Et un enfer à ce prix !

Le 9 octobre.

C'est une chose admirable et pleine de charme que de suivre un grand génie dans sa course , d'être en quelque sorte , associé à ses découvertes, et de parvenir avec lui à des distances, auxquelles on n'aurait jamais pu atteindre sans guide ; tel, le navire accoutumé à des voyages de peu de cours, quand un pilote habile le fait cingler tout à coup au milieu des mers immenses , et vers des ports inconnus. Ainsi notre imagination entraînée dans le sublime essor de ta muse, ô divin Klopstock , et parcourant sur ses pas les espaces que tu as peuplés, s'étonne des miracles qui l'entourent, et s'arrête, saisie d'effroi. Avec quelle magnificence tu rassembles sous nos yeux, tout ce que la poésie a de merveilles; soit que tu nous introduises dans les conseils du Très-haut, quand les premiers nés des anges célèbrent les mystères du ciel, et que les chérubins, pénétrés d'une religieuse frayeur, se voilent de leurs ailes d'or; soit que tu perces devant nous les voûtes ténébreuses des enfers; que tu évoques avec une autorité incroyable, ces puissances déchues qu'une éternelle vengeance poursuit de tourmens éternels; et que tu nous les montres, frémissant

sous le poids de leurs chaînes brû-
lantes , et de leurs rochers fou-
droyés ; soit que tu nous transpor-
tes au grand sacrifice de Golgotha,
quand le créateur du monde se dé-
voue aux angoisses de la mort, pour
racheter ses bourreaux !

Mais la lecture de la Bible m'offre
encore de plus délicieuses jouissances. Il n'est point de circonstance
dans la vie de l'homme, où elle ne
mêle quelque douceur ; point de revers qu'elle ne solennise ; point de
prospérité qu'elle n'embellisse ; voilà
le caractère que devait avoir un livre
qu'on dit émané du ciel même.

Souvent, quand la nature, dans tout
l'éclat de sa parure automnale, et
avec toutes ses forêts diaprées d'or et

de pourpre, sourit au soleil couchant,
je m'assieds sur la pente d'un côteau,
sous quelque chêne centenaire; et je
relis les bucoliques ingénues des premiers temps, la naïve histoire de Ruth
et les chants d'amour de Salomon.
D'autres fois, sous les arches gothi-
ques d'une église en ruine, qui élève
ses tours solitaires dans le vallon,
j'écoute; — et, dans le gémissement
des vents, qui grondent au travers
de ses murailles, comme des voix
d'airain, je crois saisir la parole pro-
phétique d'un Daniel ou d'un Jéré-
mie. De temps en temps sur la fosse
de mon père, et à l'ombre mélancolique des cyprès que j'y ai plan-
tés, je me rappelle, avec des pleurs
très-abondans, l'histoire de Joseph

et de ses frères ; car moi aussi, qui voyais des frères dans tous les hommes, j'ai été vendu par eux ; et ils m'ont envoyé dans un exil lointain. Mais plus souvent, quand la nuit, voilée de crêpes obscurs, s'avance dans ses voies silencieuses, — debout, sur un rocher couvert de mousse, je répète avec Job dans toute l'effusion de ma douleur, ce cri profond de l'ame désabusée : —

Pourquoi la lumière a-t-elle été donnée à un misérable, et la vie à ceux qui sont dans l'amertume du cœur ?

Le 10 octobre.

DE dépit je briserais volontiers mes pinceaux, quand je pense à quel point la nature de ce triste Occident est chétive et disgraciée! Quand je rêve ces climats favorisés, ces ciels purs, et ce soleil sans nuages du magnifique Orient; et que j'erre, en idée, sous les huttes nomades et patriarchales de la pastorale Oasis, ou parmi les monumens augustes de la vieille Égypte; quand le magnanime habitant de ces régions heureuses, s'élève à mes yeux dans toute l'énergie de sa grandeur primordiale, et de ses formes originaires ; — tandis que j'observe ici comment on a comprimé toutes les forces, et restreint toutes les facultés ; — lorsqu'il me semble voir cet Arabe, seul avec son coursier, qui respire, comme lui, toute la liberté des solitudes ; lorsqu'il me semble, dis-je, le voir franchir les sables torrides, ou bien se reposant sous l'ombrage réparateur des palmes et des acacias : — en rassemblant ces traits devant ma pensée, je me plains quelquefois à la providence qu'elle m'ait exilé sur une zone froide, au milieu d'une création timide, et si loin des superbes regards du soleil inspirateur ; — et je m'écrie : Pourquoi les hommes m'ont-ils fait leur captif, et pourquoi m'ont-ils amené prisonnier dans leurs cités ? vous l'eussiez vu, ce lion, dans le désert, se jeter sur la terre altérée, oublier qu'elle brûle, et la goûter long-temps entre ses dents.

Dans le désert, ai-je dit ; — car dans les liens de fer de la société, et sous le poids de ses institutions ignominieuses, — pauvres esclaves que nous sommes ! — nos organes lassés ne pourraient pas supporter long-temps l'éclat de cette nature exubérante. Ses riches prodigalités ne sauraient appartenir à l'homme qui s'est laissé dégrader de la dignité de son espèce, et qui a lâchement trafiqué de son indépendance. Et comme elle se sent profondément humiliée, l'ame généreuse qui a en-

gagé toutes ses forces dans ce con-
trat, quand elle vient à savoir à quel
prix, et pour quels pitoyables avan-
tages, elle en a fait le sacrifice;
quand elle se trouve subjuguée par
l'ascendant audacieux de ses inso-
lens dominateurs; et qu'elle se re-
porte à ces âges fortunés de la jeunesse du monde, où les sociétés cir-
conscrites dans l'étroite enceinte
des familles, ne reconnaissaient
d'autres pouvoirs que ceux qui ont
été conférés par la divinité; d'autre chef que celui qu'elles tenaient
de la nature !

C'est alors qu'on sent le besoin
de choisir parmi les harmonies de la
terre, celles qui ont une affinité
plus particulière avec notre miséra-

ble condition ; c'est alors , et je l'ai souvent éprouvé , qu'on préfère à la pompe radieuse du soleil , les douteuses clartés de la lune , et les mystères de la nuit ; à l'appareil resplendissant des étés , aux beautés virginales du printemps , aux opulentes faveurs de l'automne , la triste nudité de l'hiver , les brises froides , et les noirs frimats.

Ainsi quand mon ame vint à se détacher de ses jeunes illusions , et qu'elle ne trouva plus rien qui pût la fixer parmi les hommes , elle épia les secrets des ténèbres , et les joies silencieuses de la solitude ; elle s'égara dans les demeures de la mort , et sous les gémissemens de l'aquilon ; elle aima les ruines , l'obscurité , les abîmes,— tout ce que la nature a de terreurs ; et voilà comment elle a étudié en elle-même quelques-uns des caractères de l'infortune.

Oui, je le répète, l'hiver dans toute son indigence ; l'hiver, avec ses astres pâles et ses phénomènes désastreux, me promet plus de ravissemens que l'orgueilleuse profusion des beaux jours. J'aime à voir la terre dépouillée de sa parure féconde, et nageant dans ses horizons brumeux, comme dans une mer de nuages. Au milieu de ces grandeurs évanouies, et de cette végétation réprimée, tout semble prendre des voix gémissantes, et des aspects funèbres, tout devient sévère et terrible. A travers les voiles grisâtres, et les nuées formidables dont il est enveloppé, on prendrait le soleil pour un météore qui s'éteint. Les rivières n'ont plus de frissonnement ; les forêts n'ont plus d'ombrage ni de murmure. On n'entend que le cri de la branche morte qui se rompt, et le bruissement des vents qui se glissent en sifflant sous les landes sèches.—Plus de verdure que celle du lierre, qui déploie ses larges tentures sous les parois des rochers ; qui les attache aux murailles rustiques, ou les roule autour des vieux chênes ; et celle du houx, au feuillage armé, qui grouppe ses bouquets épineux sur la lisière des bois. Seulement, quelques sapins dessinent çà et là, contre la neige

des montagnes , leurs obélisques
foncés , et leurs pyramides obscu-
res , comme autant de monumens
dédiés à la mémoire des morts.....
— Et vous voyez de temps en temps,
dans le lointain, des voyageurs qui
traversent précipitamment la plaine,
— ou des pélerins qui prient sur
une tombe.

Le 17 octobre.

Après des pluies abondantes, un torrent large et rapide, grossi de tous les ruisseaux et de toutes les ravines, descend du haut de nos montagnes ; tombe avec le bruit de la foudre ; s'élance furieux dans la plaine ; la remplit d'épouvante et de désastres ; brise, envahit, dévore tout ce qui contrarie son passage ; et chargé d'arbres déracinés, de rocs et de décombres, il roule, et se précipite en grondant dans la Salza.

Si vous trouvez par hasard, sur

ses bords, quelque bosquet de peupliers, qui oppose doucement sa
tranquille majesté à l'agitation vé-
hémente de l'onde, votre ame s'ouvre à des pensers graves et religieux;
et vous méditez tristement sur ces
vaines grandeurs du monde, qui
apparaissent tout-à-coup, comme
le torrent, sans qu'on en sache la
source; qui, comme lui, s'écoulent
avec beaucoup de bruit et de ravages; et comme lui, s'abîment sans
laisser de nom!

Quant à moi, je souris de pitié
aux soins puériles que les hommes
se donnent, pendant que le temps
emporte dans son avenir toujours
naissant, le court présent dont ils
jouissent; et je sens mes peines s'a-

doucir, en considérant que la vie n'est qu'un moment qui fuit, au milieu de l'immense éternité.

—

Le 19 octobre.

CETTE nuit,—je me trouvais dans cette situation indéfinissable , qui n'a presque rien de l'activité de la vie , mais qui n'est pas tout-à-fait le sommeil. Je crus entendre une musique très-mélodieuse, d'une expression suave et touchante; et dont les sons étaient modulés avec tant de douceur, que la harpe elle-même n'a point d'accords plus tendres et plus voluptueux. Vous auriez dit quelques concerts angéliques ! mais leur harmonie inconstante et capricieuse ne multipliait mes joies fugitives, que pour multiplier mes regrets; et je l'avais à peine saisie, qu'errant au gré de tous les zéphirs, elle m'échappait de nouveau. Enfin, avec une cadence gémissante qui retentit profondément dans mon ame, elle cessa; et je n'entendis plus qu'un bruit sourd, à-peu-près pareil à celui de la cascade qui gronde dans les échos. Alors, une main froide s'imprima pesamment sur mon cœur; un fantôme se courba vers moi, en me nommant de sa voix grêle; et je sentis que le souffle de sa bouche m'avait glacé. Je me détournai, et je pensai voir mon père : — non, tel qu'il me paraissait jadis, — mais d'une forme vague et terrible; pâle, défiguré, l'œil enfoncé, la prunelle sanglante, et les cheveux épars comme un petit nuage. Puis, il s'éloigna, devenant à chaque pas moins distinct, et décroissant dans l'obscurité, comme une lumière prête à s'éteindre. Je voulus m'élancer pour le suivre ; mais, au même instant, cette lumière, cette voix, ce fantôme, tout s'évanouit avec mon rêve ; et je n'embrassai que les ténèbres.

———

Le 23 octobre.

Puisqu'il est vrai que, dès le commencement de ce court trajet sur le fleuve de la vie, tout ce que nous avons vu autour de nous, ne nous a laissé que des regrets; heureux le sage qui s'enveloppe de son manteau, qui s'abandonne à son esquif, et qui ne tourne plus les yeux vers le rivage! — Mais ce courage difficile ne m'a pas été donné.

Je m'étonne, moi-même, des irrésolutions de mon cœur et de l'aveugle facilité avec laquelle il embrasse tous les jours d'autres chimères. Tout ce qui a une apparence

de nouveauté le séduit, parce qu'il
ne sait rien de pis que son état ordi-
naire, et qu'il se fie au changement.
Il veut des émotions inégales et dis-
traites, une manière d'être diverse
et fortuite, parce qu'il a observé
qu'il gagnait plus sur ce qu'il laissait
au hasard, que sur ce qu'il donnait
à la prévoyance. Telle est, pourtant,
son inquiétude, qu'au milieu des
agitations qu'il cherchait, il desire
encore le repos; uniquement, peut-
être, parce que le repos est autre
chose que ce qu'il éprouve habituel-
lement; mais il ne tarde pas à se
fatiguer du repos lui-même. Il ne
voit le bonheur que loin de lui; et
dès qu'il croit l'avoir vu quelque
part, il brise, pour atteindre à ce

point, les nœuds qui l'attachaient ailleurs; plus heureux, du moins, s'il pouvoit les briser tous!—Qu'arrive-t-il, cependant? Avant que la route qui nous mène au but desiré, soit parcourue à demi, le prestige cesse, et le fantôme s'envole, en se jouant de nos espérances. Dieu me préserve d'exister long-temps de cette manière!

Me rapprocher d'Eulalie!—disais-je ce matin:—oui, vivre près d'elle! habiter où elle habite! nager dans l'air qu'elle respire!— Et, depuis ce temps-là, tout ce que je vois ici, m'importune.

Le 30 octobre.

L'AUTRE jour, je m'étais presque involontairement acheminé vers Saltzbourg; mais, dès que j'apperçus la forteresse de la montagne, les flèches des églises, les dômes des palais; et dès que je pus renouer la sensation que j'éprouvais, avec tous mes souvenirs ; je me trouvai si puissamment entraîné, qu'à quelque prix que ce fût, je n'aurais pas changé de direction. Cependant, la nuit s'approchait , et les brumes épaisses et pluvieuses de cette saison avaient hâté les ténèbres. J'avais besoin, d'ailleurs, de recueillement et de liberté; et je ne voulais entrer dans la ville, qu'après avoir exercé mon ame à supporter les agitations qui la menacent. Je m'emparais avec volupté de cette nuit longue et rigoureuse, où rien ne limitait plus l'indépendance de ma pensée. Tous ces tableaux que le jour anime et colore; tout ce qui me rappelle la vie, me froisse et me contraint. S'il y a en moi quelque activité toute puissante; si je me sens, quelquefois, la force de me diviniser; c'est dans l'isolement de la nuit, et dans la contemplation des tombeaux. Toutes les idées sublimes naissent du cœur, et le cœur de l'homme est sombre et souffrant.

En passant dans le village où j'ai vu enterrer Cordélia, — où j'ai

rencontré le mari d'Eulalie, — je
pénétrai dans le cimetière, par les
brêches de la muraille. L'obscurité
était profonde. Les hiboux de la
vieille église gémirent sur leurs cré-
neaux. La cloche lentement vibrée
par le vent, rendit des sons plaintifs;
et je ne sais quels accens lugubres
s'élevèrent autour de moi. Alors, un
homme s'élança sur mon passage ;
puis s'arrêtant tout-à-coup, et laissant reposer sa tête sur son sein :
« Ce n'est pas elle encore, dit-il,
» d'un ton de voix altéré. J'avais
» cru entendre du bruit, et je pen-
» sais que ce fût elle. Voilà long-
» temps qu'elle est ici, et qu'elle
» m'attend dans cette fosse, sans
» vouloir ni me parler, ni me voir;

» et cependant, les jeunes filles du
» village l'ont vue ». —C'était Guillaume, et le Ciel me permit de lui
donner quelques consolations ; car,
la voix des malheureux parvient facilement au cœur des malheureux ; et
on a dit que ceux qui avaient beaucoup souffert, savaient des paroles
pour charmer la douleur.

Si j'avais voulu, me dit-il, — la
barrière du tombeau est facile à
franchir ; et les jours de l'homme se
dépouillent comme un vêtement. —
Mais, vous le dirai-je ? il était mi-
nuit : j'étais assis sur ces pierres sé-
pulcrales ; et prêt à briser ce fragile
talisman de la vie, je m'égarais dans
la contemplation des temps , je
les embrassais de ma pensée. Déjà,

tous les événemens écoulés se suc-
cédaient devant ma mémoire, comme les réminiscences d'un rêve ;
mais j'aspirais encore à l'avenir ; et,
cet avenir incertain, je le peuplais de
mes chimères :—quand, tout-à-coup,
— une idée horrible me frappa !
Ecoutez ce que le Ciel m'avait inspi-
ré. L'avenir, m'écriai-je ! et de quel
droit, misérable suicide, oses-tu
compter sur l'avenir ? tu as voulu
cesser d'être avant ton heure ; et qui
sait si ta punition ne sera pas de
n'être jamais ? tu t'ouvres une issue
pour échapper aux douleurs de la
vie ; mais, qui sait si tu ne te fermes
pas l'éternité ? Cordélia, cependant !
la plus pure des filles de la terre,
t'attendait parmi les justes ; et, avec

une joie ineffable, elle se préparait à t'initier aux délices du Ciel.... — mais celui qui a détruit l'image de Dieu, ne vivra plus : il a semé la mort, et il recueillera le néant.

Depuis, j'y ai long-temps réfléchi, reprit Guillaume après un moment de silence : je crois que celui qui se donne la mort, a trompé l'intention de la divinité ; et, en réfléchissant à cette foule de relations qui rattachent l'homme à tous les objets d'ici bas, je l'ai considéré comme le centre d'une multitude d'harmonies qui naissent et qui périssent avec lui : de sorte qu'il ne peut tomber sans entraîner toute une création dans sa chute ; et que le dernier soupir qu'il exhale, met en deuil toute

la nature. En méditant sur ces choses, j'ai reconnu que la suprême
vertu était à aimer ses semblables;
et la suprême sagesse, à supporter
sa destinée.

Je sais pourtant, que la raison de
l'homme est un roseau qui cède à
beaucoup d'orages. Moi-même, hélas ! j'ai souvent appris qu'il est
difficile de lutter corps à corps avec
la douleur; et dans cet état de délire
et d'ébranlement moral où vous m'a-
vez vu naguères, en est-il un qui
osât répondre de soi ? C'est pourquoi
j'ai résolu de m'exiler d'ici, et de
chercher ailleurs une tombe. Il y a
auprès de Donnawert, un monastère gothique, dont les murailles
sont baignées par le Danube, et

auquel on arrive par un bois de sapins d'un aspect triste et formidable.
Ce lieu est plein de mystère et de
solennité ; et l'ame s'y abandonne
à des sentimens d'un ordre si sublime, qu'ils absorbent toutes les an-
ciennes émotions de la vie. Ce monastère sera mon refuge, et il aura
ma poussière. —

Le jour nous surprit dans cet
entretien. Le soleil se levait derrière
la tour de l'église, et la couronnait
de ses rayons, comme d'une pâle
auréole ; l'air était chargé de vapeurs
humides ; et à travers le brouillard
dont nous étions enveloppés, on
nous aurait pris pour des ombres,
qui erraient, avec leurs robes de
nuages, au milieu des sépultures.

Guillaume m'avertit d'un regard qu'il était l'heure de se séparer. Je l'embrassai tendrement, et je franchis les murs du cimetière.

Mais, en entrant à Saltzbourg, — je ne sais quel pressentiment affreux....! — mon cœur se serra; mes yeux se voilèrent; et l'exercice de toutes mes facultés demeura suspendu.

CONCLUSION.

C'est ici que finit le journal de Charles Munster. Il paraît qu'il eut à éprouver des agitations si violentes, qu'il ne lui resta pas même la force de s'en rendre compte ; et nous ne retrouvons de lui que quelques notes confuses , sur ses relations avec Guillaume, jusqu'au départ de celui-ci pour le couvent de Donnawert. Ce que nous allons ajouter à ces mémoires, est écrit d'une autre main, dans l'original.

Depuis long-temps la mélancolie de M. Spronck n'avait fait qu'augmenter : il avait entendu parler de

Charles Munster avant son mariage;
il le croyait mort, quand il épousa
Eulalie; et à la nouvelle de son retour, il avait pressenti tout ce que ces
infortunés auraient à souffrir. L'é-
vénement qui lui représenta d'une
manière si vive, la perte qu'il
avait faite peu d'années auparavant,
et qui remit sous ses yeux, la pompe
funèbre de sa prétendue, porta les
derniers coups à son cœur; poursuivi du sentiment de ses propres
douleurs, et de celles dont il était
l'occasion, son caractère en contrac-
ta quelque chose de sinistre et d'ef-
frayant. Les soins d'Eulalie elle-
même envenimaient ses chagrins;
et quand elle s'approchait de lui
avec un regard plein de tendresse et

de douceur, il détournait tristement
les yeux, et la repoussait en gémis-
sant. Vers ce temps-là, le hasard
lui apprit que Charles, qu'on avait
cru reparti pour des pays lointains,
étoit revenu à Saltzbourg, après
avoir passé quelques semaines dans
le village natal. Cette nouvelle sembla d'abord lui apporter beaucoup de
consolations ; mais, le soir même,
son état empira tout-à-coup ; son
teint se plomba, ses yeux s'égarè-
rent, toute sa force l'abandonna ;
et on s'attendait à chaque instant à
le voir expirer, quand Charles arriva au monastère, où une lettre du
malheureux époux d'Eulalie l'avait
mandé. M. Spronck était étendu,
sans connaissance et presque sans

vie. Eulalie, à genoux devant son lit, baignait ses mains de pleurs; et une lampe qui allait s'éteindre, jetait sur cette scène, sa lumière inégale et mystérieuse. Au bruit de la porte qui s'ouvrait, le mourant donna quelques signes d'existence; la vue fixe, et la physionomie immobile, il était dans la situation d'un homme qui sort d'un songe pénible, et qui cherche à réconcilier ses sens avec les objets qui l'entourent. Enfin, il parut frappé d'un important souvenir; et il prononça d'une voix forte et empressée le nom de Charles Munster. A peine l'eût-il nommé, qu'il le reconnut à quelques pas; et aussi-tôt, il le salua avec un sourire si tendre et si paternel, que Charles

attendri se laissa tomber à genoux
devant lui. Alors, M. Spronck im-
posa ses mains sur son ami et sur sa
femme ; et après avoir rassemblé
toutes les puissances de son ame, il
leur peignit d'une manière touchante,
les adversités qui avaient empoi-
sonné sa jeunesse ; la grandeur de
ses pertes; la douleur de ses sacrifi-
ces; et sur-tout, l'acharnement de
cette fatalité funeste, qui les avait
enveloppés tous deux dans les hor-
reurs de sa propre destinée. Il leur
demanda grace du mal involontaire
qu'il leur avait fait ; il leur parla de
sa fin prochaine; et les enlaçant de
ses bras, il termina en ces termes :
Soyez heureux, dit-il, — maintenant
que ma misérable vie ne peut plus

y porter d'obstacle; soyez heureux,
maintenant que je vais rendre au
tombeau ce cœur brisé de désespoir;
soyez heureux, et n'ayez point de
regret aux jours que le sort m'avait,
peut-être, encore réservés; car, je ne
pouvais pas en espérer de plus doux
que celui-ci, où il m'est permis de
vous léguer un avenir sans alarmes,
et de vous dédommager des peines
que je vous ai causées. En permet-
tant que ma mort fût un bienfait
pour ceux que j'aime, le Ciel avait
placé dans ma mort la seule joie que
je dusse goûter ici bas. Il me pardon-
nera, sans doute, d'en avoir hâté
l'heure; et il ne me condamnera pas,
— comme les hommes! Aimez-moi,
du moins, et pardonnez-moi. —

A ces mots, sa poitrine se souleva avec un grand effort, son corps se roidit, et la parole expira sur ses lèvres. Eulalie s'échappa de la chambre en poussant des cris affreux, et Charles perdit connaissance. Quelque temps après, celui-ci reprit ses sens ; mais la lampe ne brillait plus ; et il ne lui restait de tout ce qui s'était passé, que des idées vagues et incertaines comme les illusions de la nuit. Il étendit les bras en tâtonnant, et rencontra un cadavre froid. Alors, la terrible vérité lui apparut toute entière ; son sang se glaça, et, pour la seconde fois, il s'évanouit. Heureusement, quelques habitans du hameau, attirés par les cris d'Eulalie, pénétrèrent dans l'appartement de M. Spronck, et reconnurent Charles qu'ils avaient vu autrefois au monastère. Après s'être assurés qu'il respirait encore, ils le couchèrent sur une natte de paille, et l'emportèrent à Saltzbourg.

Les profondes impressions qu'il avait reçues n'étaient pas de nature à s'effacer promptement. Ce ne fut qu'au bout d'un mois qu'il donna quelques espérances, et que son ame se reposa de ses convulsions. Dans ce temps-là, on lui apporta une lettre d'Eulalie. Au seul aspect de cette écriture si chère, il changea d'abord de contenance et de couleur. Ses joues s'enflammèrent ; toute sa vie se fixa dans ses yeux ; et à l'inquiétude qui l'agitait, on

voyait aisément qu'il était balancé
entre la crainte d'apprendre son
sort, et le tourment de l'ignorer.
Enfin, il reprit, peu-à-peu, du calme
et de l'assurance. Il s'était attendu
à tout ; et une résolution qui l'occupait secrètement, le détourna de
sa douleur. Eulalie lui apprenait,
comme il l'avait prévu, qu'elle
ne pouvait envisager sans horreur
l'idée de passer à un nouvel enga-
-gement, après le suicide de son premier mari ; qu'elle augurait assez
bien de lui-même, pour être cer-
taine qu'il ne voudrait jamais d'un
bonheur qui aurait coûté si cher, si
toutefois il était permis d'appeler
heureuse l'union qui dépendrait
d'une telle cause, et qui entretien-

drait de telles pensées ; que profiter de l'attentat de M. Spronck, c'était se le rendre personnel, et en appeler sur soi la punition ; qu'il leur convenait au contraire de passer leur vie à l'expier , et de se placer, comme de justes holocaustes , entre la colère de Dieu et cette ombre sanglante qui allait se dévouer à ses châtimens. Elle finissait par lui dire que le jour où cette lettre lui parviendrait, elle se serait déjà séparée du monde par une barrière qu'il n'est plus possible de franchir quand on l'a fermée derrière soi, et qu'elle entrait en religion. Charles recommença plusieurs fois cette lecture avec la même résignation ; puis il ploya la lettre, y imprima un ardent baiser, et l'attacha sur son cœur, à un ruban bleu de ciel qu'il avait eu jadis d'Eulalie. Ensuite il écrivit à Guillaume, pour lui-faire part du projet qu'il avait formé de se retirer chez les moines de Donnawert; et il disposa de son patrimoine en faveur de quelques pauvres familles de Saltzbourg, car il ne lui restait plus de parens.

Il se mit en voyage un des premiers jours de janvier. Quand il fut arrivé auprès du couvent d'Eulalie, qui est à une lieue de la ville, il s'assit vis-à-vis les murailles du cloître, et il s'y arrêta pendant plusieurs heures; mais il ne vit et n'entendit rien. Quelques personnes de sa connaissance passèrent devant lui, sans qu'il les apperçût. Il avait les cheveux épars, la barbe longue, le teint hâve, les yeux enfoncés; et, malgré la rigueur de la saison, il ne portait pour vêtement qu'une espèce de tunique grossière, fermée sur la poitrine avec une ceinture de laine rouge. La neige balayée par le vent roulait en tourbillons sur sa tête, et un aquilon glacé sifflait dans les replis de sa robe. Enfin, au déclin du jour, il se leva de cette place, et s'éloigna d'un pas précipité. Le ciel était pur; la lune se leva sans nuages; la nuit fut calme.

Peu de jours après, la température changea; la saison devint pluvieuse; les neiges et les glaces fondues tombèrent des montagnes, et grossirent toutes les rivières. Tous les travaux étaient arrêtés ; toutes les routes étaient désertes. Vers cette époque cependant, on a vu Charles dans un village assez voisin de Donnawert. Il fut rencontré par une noce rustique. Son visage était en partie voilé de sa chevelure ; ses pieds étaient nuds, et son habillement tombait en lambeaux. Il eut occasion de parler à quelqu'un : sa voix, ses gestes, ses regards annonçaient une profonde aliénation d'esprit. Il est probable que la solitude avait laissé plus d'activité au chagrin, et que sa raison, mal guérie des fortes atteintes qu'elle venait d'essuyer, y avait enfin cédé. On ajoute que quelques ames compatissantes s'efforcèrent de le retenir, en lui observant que les environs du village étaient impraticables, et qu'il ne serait pas sans danger pour lui de poursuivre son voyage ; mais il s'obstina dans cette résolution.

Le lendemain, le Danube se déborda.

Cependant Guillaume s'étonnait que Charles n'arrivât pas ; et il comptait impatiemment les jours écoulés, depuis le jour où son ami était attendu. Mais ses regrets s'accrurent encore, quand il vit que l'inondation, parvenue jusqu'au pied du monastère, devait couvrir toute la campagne, et rompre toutes les communications. Tantôt il regardait d'un œil inquiet cette mer presque immobile ; tantôt il la suivait dans ses décroissemens, en se flattant qu'elle n'avait plus qu'un faible espace à parcourir pour redescendre dans ses limites ; et à mesure que les terres commençaient à s'élever çà et là comme de petites îles, son cœur renaissait à l'espérance. Une fois, parmi les débris dont le fleuve était chargé, il crut appercevoir je ne sais quoi d'informe et de livide, que les flots venaient heurter contre leurs grêves et contre leurs rescifs, et qui tour-à-tour englouti et repoussé, finit par échouer sur un banc de sable, où l'onde l'abandonna tout-à-fait.

Poussé par une curiosité vague,

mais invincible, il descendit du cloître, il traversa l'église, et, arrivé au-dessous des murs, il reconnut l'objet qui l'avait frappé. Il s'approcha, et tressaillit d'horreur. Un cadavre presque nud, pâle, déchiré, couvert de meurtrissures et de fange, les membres crispés, la tête pendante, les cheveux roides et sanglans; et à travers le désordre de ses traits défaits et souillés, un aspect plein de noblesse encore et de douceur :— c'est ainsi que Charles Munster s'offrit à sa vue. Guillaume alors, sans pousser une plainte, et sans verser une larme, étendit sa robe noire sur ce corps privé de vie, l'enveloppa, le chargea sur ses épaules, et rentra dans le monastère. Il s'y arrêta sur le parvis du grand escalier ; et après avoir déposé son triste fardeau , il convoqua au bruit de la cloche , les religieux du couvent. Quand ceux-ci furent rassemblés autour de lui , et qu'il les vit disposés à l'entendre , il souleva brusquement le voile sous lequel Charles était caché , et d'une voix pénible et douloureuse il dit : C'est ici Charles Munster. Mais la parole expira sur ses lèvres , il sentit ses forces défaillir , et il tomba sur le cadavre. En rouvrant les yeux , il n'apperçut plus qu'un frère qui lui apprit que la communauté n'avait pas cru devoir accorder à l'étranger la sépulture catholique ; et que dans le doute qui restait sur la nature de sa mort, elle craindrait de transgresser ses devoirs, en entourant le cercueil de cet infortuné des pompes de la religion.

A ces mots, il reprit son ami entre ses bras, et retourna silencieux sur le rivage, où il lui creusa une fosse. Au-dessus, il avait placé un bloc de pierre, et il y avait gravé une courte inscription; mais, le premier coup de vent chargea l'inscription de sable et de poussière; et le premier débordement du Danube entraîna la pierre, la fosse et tout.

Guillaume mourut l'année suivante.

Eulalie existe; elle a, maintenant, vingt-six ans.

CHANT DES PÉLERINS.

Sur la place où Charles Munster a
été inhumé.

(Une belle soirée de juillet, 1801.)

PREMIER PÉLERIN.

Qu'EST devenu l'étranger
Qui souriait à la gloire ?
Sa jeunesse passa comme un rêve léger.
Il s'est évanoui sans laisser de mémoire.

SECOND PÉLERIN.

Les yeux du pélerin cherchent son mo-
nument.

PREMIER PÉLERIN.

Il a dit à la mort : Vous serez mon
égide.

SECOND PÉLERIN.

Il a dit au sable humide :
Vous serez mon vêtement.

PAUSE.

PREMIER PÉLERIN.

En vain, la rose naïve
S'enrichit d'appas naissans ;
Et sa vapeur fugitive
Ne charmera plus tes sens.

SECOND PÉLERIN.

En vain, l'aube matinale
Ouvre ses portes d'opale
Au char brûlant du soleil.
Jamais, sa douce lumière
N'affranchira ta paupière
Des froids liens du sommeil.

PREMIER PÉLERIN.

Quand ils s'éveilleront, aux lueurs de
la foudre,
Les morts des temps écoulés !

Mi

SECOND PÉLERIN.

Quand leurs fronts renaissans soulève-
ront la poudre
Des empires écroulés : —

PREMIER PÉLERIN.

Oh ! père de la nature,
Retiens, sur la sépulture
De ta faible créature,
Ton courroux prêt à tonner !

Et quand l'ame du transfuge,
Ira chercher un refuge
Entre les bras de son juge :
Souviens-toi de pardonner !

CHŒUR.

Souviens-toi de pardonner !

FIN.